涉及国家安全事项的
建设项目许可管理规定

法律出版社
·北京·

图书在版编目（CIP）数据

涉及国家安全事项的建设项目许可管理规定.
北京：法律出版社，2025. -- ISBN 978-7-5197-9991-5
Ⅰ. D922.114
中国国家版本馆 CIP 数据核字第 2025SJ9201 号

涉及国家安全事项的建设项目许可管理规定
SHEJI GUOJIA ANQUAN SHIXIANG DE JIANSHE XIANGMU XUKE GUANLI GUIDING

出版发行	法律出版社	**开本**	850 毫米×1168 毫米 1/32
编辑统筹	法规出版分社	**印张** 0.5	**字数** 9 千
责任编辑	张红蕊	**版本**	2025 年 1 月第 1 版
装帧设计	臧晓飞	**印次**	2025 年 1 月第 1 次印刷
责任校对	陶玉霞	**印刷**	保定市中画美凯印刷有限公司
责任印制	耿润瑜	**经销**	新华书店

地址：北京市丰台区莲花池西里 7 号（100073）
网址：www.lawpress.com.cn 销售电话：010-83938349
投稿邮箱：info@lawpress.com.cn 客服电话：010-83938350
举报盗版邮箱：jbwq@lawpress.com.cn 咨询电话：010-63939765
版权所有·侵权必究

书号：ISBN 978-7-5197-9991-5 定价：5.00 元
凡购买本社图书，如有印装错误，我社负责退换。电话：010-83938349

中华人民共和国国家安全部
中华人民共和国国家发展和改革委员会　令
中华人民共和国自然资源部
中华人民共和国住房和城乡建设部

第 5 号

《涉及国家安全事项的建设项目许可管理规定》已经 2024 年 12 月 2 日国家安全部部务会议审议通过和国家发展改革委、自然资源部、住房城乡建设部同意，现予公布，自 2025 年 3 月 1 日起施行。

国家安全部部长　陈一新
国家发展改革委主任　郑栅洁
自然资源部部长　关志鸥
住房城乡建设部部长　倪　虹
2025 年 1 月 15 日

涉及国家安全事项的建设项目许可管理规定

第一章 总 则

第一条 为了规范涉及国家安全事项的建设项目许可管理工作，防范制止间谍行为，维护国家安全，根据《中华人民共和国国家安全法》《中华人民共和国反间谍法》和《中华人民共和国行政许可法》等法律法规，制定本规定。

第二条 本规定所称涉及国家安全事项的建设项目，是指在中华人民共和国境内重要国家机关、国防军工单位和其他重要涉密单位以及重要军事设施的周边安全控制区域内的建设项目。本规定所称建设项目，是指土木、建筑等工程类建设项目。

第三条 涉及国家安全事项的建设项目新建、改建、扩建的，应当依照本规定取得国家安全机关许可，并接受监督管理。

第四条 涉及国家安全事项的建设项目许可管理工作应

当坚持总体国家安全观，统筹发展和安全，遵循依法管理、积极防范、突出重点、便利高效的原则，以高水平安全保障高质量发展。

第五条 国务院国家安全主管部门负责全国涉及国家安全事项的建设项目许可管理。

省级国家安全机关负责组织本行政区域内安全控制区域划定、调整。

设区的市级国家安全机关对本行政区域内涉及国家安全事项的建设项目实施许可，并开展日常管理工作。

发展改革、自然资源、住房城乡建设等有关部门在职责范围内配合共同做好涉及国家安全事项的建设项目许可管理工作。

第六条 国家安全机关应当加强与发展改革、自然资源、住房城乡建设等部门以及国防动员委员会的办事机构协作，健全完善有关工作机制，做好与上述部门、机构有关工作制度的衔接。

第二章 安全控制区域管理

第七条 省级国家安全机关应当依照《反间谍法》第二十一条的要求和有关标准，会同当地发展改革、自然资源、住房城乡建设、保密、国防科技工业等部门以及国防动员委员会的办事机构、军队有关部门，确定需划设安全控制区域的位置及范围，报省、自治区、直辖市人民政府批准。

第八条 安全控制区域经省、自治区、直辖市人民政府批准后，省、设区的市级国家安全机关应当将安全控制区域划定、调整情况通报同级发展改革、自然资源、住房城乡建设、保密、国防科技工业等部门以及国防动员委员会的办事机构、军队有关部门掌握，并将安全控制区域的范围告知有关重要国家机关、国防军工单位和其他重要涉密单位以及重要军事设施管理单位。

第九条 县级以上地方各级人民政府编制国民经济和社会发展规划、国土空间规划等有关规划，应当充分考虑国家安全因素和划定的安全控制区域，征求国家安全机关的意见，国家安全机关应当提出规划、建设方面的安全防范要求。

第十条 省级国家安全机关应当根据重要国家机关、国防军工单位和其他重要涉密单位以及重要军事设施设立、变更、撤销等变化情况，依照本规定第七条规定，动态调整安全控制区域。

第三章 涉及国家安全事项的建设项目许可

第十一条 涉及国家安全事项的建设项目属于新建的，申请人为项目投资人；属于改建、扩建的，申请人为项目所有人。

第十二条 对于涉及国家安全事项的建设项目，申请人申办建设工程规划许可证、乡村建设规划许可证的，应当同步向国家安全机关申请涉及国家安全事项的建设项目许可。

依法无需办理前述规划许可的，申请人应当在开工建设之前向国家安全机关申请涉及国家安全事项的建设项目许可。

国家安全机关应当公布受理许可的途径和联系方式，推进信息共享和网上办理，在办理许可过程中不收取任何费用。除涉及国家秘密的建设项目外，国家安全机关应当依托全国一体化政务服务平台，加强与发展改革、自然资源、住房城乡建设等部门审批监管平台信息共享，推进并联审批，加强衔接联动。

第十三条 申请涉及国家安全事项的建设项目许可时，申请人应当根据建设项目的具体情况提交下列材料：

（一）涉及国家安全事项的建设项目许可申请书；

（二）申请人为法人或者非法人组织的，应当提交企业营业执照或者组织注册登记证书以及法定代表人或者组织负责人的有效身份证明；申请人为自然人的，应当提交个人有效身份证明，非法定代表人、组织负责人、自然人本人办理的，需提供授权材料及受委托人的有效身份证明；

（三）建设项目功能、用途、地址以及投资人、所有人股权结构、实际控制人情况说明；

（四）建设项目设计说明及相关图纸；

（五）建设项目已取得的有关部门审批、核准、备案文件。

国家安全机关可以通过信息共享方式获取相关申请材料的，不再要求申请人提供。

第十四条 国家安全机关对许可申请，应当根据下列情况分别作出处理：

（一）申请事项属于国家安全机关职权范围，申请材料齐全，符合法定形式，应当予以受理，并出具书面凭证，申请材料不齐全或者不符合法定形式的，应当当场或者五个工作日内一次性告知申请人需要补正的全部内容，逾期未告知的，自收到申请材料之日起即为受理；申请材料存在可以当场更正错误的，应当允许申请人当场更正；

（二）申请事项不属于国家安全机关职权范围的，应当即时作出不予受理的决定，出具不予受理的书面凭证，并告知申请人向有关行政机关申请；

（三）申请事项依法不需要取得国家安全机关行政许可的，应当即时告知申请人不受理。

依托地方相关政务平台实施网上受理的，受理凭证以地方政府、相关部门规定式样为准。

第十五条 受理申请后，国家安全机关应当综合考虑涉密单位涉密情形、与建设项目的位置距离关系、周边环境、已采取防范措施等因素，根据有关工作规范，对建设项目功能用途、建设方案、管理使用等方面进行审查，评估建设项目被利用实施危害国家安全行为的风险和可以采取的安全防范措施。

需要实地踏勘的，应当指派两名以上国家安全机关工作人员共同进行。

第十六条 审查过程中，国家安全机关发现申请事项直接关系重要国家机关、国防军工单位、其他重要涉密单位、重要军事设施所属单位以及他人重大利益的，应当听取申请人、利害关系人的意见，并告知申请人、利害关系人享有听证的权利。申请人、利害关系人在被告知听证权利之日起五日内提出听证申请的，在安全保密前提下，国家安全机关应当在二十日内组织听证。

国家安全机关应当根据听证中认定的事实作出决定。

第十七条 对申请事项涉及的专业领域问题，国家安全机关可以组织检测、鉴定和专家评审，在检测、鉴定和专家评审基础上作出许可决定。

第十八条 国家安全机关应当自受理申请之日起二十个工作日内作出许可决定。二十个工作日内不能作出许可决定的，经本级国家安全机关负责人批准，可以延长十个工作日，并应将延长期限的理由告知申请人。

审查过程中，需要进行检测、鉴定、听证和专家评审的时间不计算在前款规定的期限内，国家安全机关应当将所需时间书面告知申请人。

第十九条 国家安全机关根据以下不同情况作出书面许可决定：

（一）建设项目符合维护国家安全要求的，应当准予许可；

（二）建设项目存在危害国家安全隐患，采取安全防范措施后可以消除风险的，国家安全机关应当提出安全防范措施要求，申请人将落实防范措施方案报国家安全机关审核同意的，应当准予许可；

（三）建设项目存在危害国家安全隐患，且无法通过采取安全防范措施消除风险的，应当不予许可，并说明理由。

国家安全机关作出准予许可决定的，应当告知被许可人需接受监督管理的有关事项。

第二十条 当事人对行政许可决定不服的，可以自收到决定书之日起六十日内，依法申请复议；对复议决定不服的，可以自收到复议决定书之日起十五日内，依法向人民法院提起诉讼。

第二十一条 被许可人变更涉及国家安全事项的建设项目名称、功能、用途、地址、设计方案以及项目投资人、所有人等要素的，应当在变更前向作出许可决定的国家安全机关提出申请。

国家安全机关审查后，认为变更事项不会导致原许可决定实质内容发生改变的，应当在三个工作日内依法办理变更手续；认为变更事项导致原许可决定实质内容发生改变，影响国家安全的，应当依照本规定重新审查并依法作出予以变更或不予变更的决定。

第二十二条　有下列情形之一的，国家安全机关应当依法办理许可注销手续：

（一）许可被依法撤销、撤回，或者相关许可证件被依法吊销的；

（二）因安全控制区域调整等客观情况变化，导致被许可项目不再属于许可管理范围的；

（三）因不可抗力导致许可事项无法实施的；

（四）法律、法规规定的应当注销的其他情形。

第四章　涉及国家安全事项的建设项目监督管理

第二十三条　涉及国家安全事项的建设项目投资人、所有人、管理人、使用人应当按照许可确定的条件进行项目建设、管理、使用，自觉履行维护国家安全义务，接受国家安全机关的监督检查，保守所知悉的国家秘密。

涉及国家安全事项的建设项目投资人、所有人、管理人、使用人发生变更前，有关单位和人员应当将许可确定的条件告知拟变更的投资人、所有人、管理人、使用人。

第二十四条 涉及国家安全事项的建设项目进行竣工验收时，申请人应当同步向作出许可决定的国家安全机关提出申请，对建设项目落实安全防范措施要求进行验收。验收合格的，方可投入使用。

第二十五条 涉及国家安全事项的建设项目采取的安全防范措施，项目投资人、所有人、管理人、使用人不得擅自停用、损毁或者拆除，确需变更、调整的，应当及时向国家安全机关报告。

第二十六条 对涉及国家安全事项的建设项目遵守许可情况和落实安全防范措施情况，经设区的市级以上国家安全机关负责人批准，国家安全机关可以采取以下监督检查措施：

（一）向有关单位和人员了解情况；

（二）调阅有关资料；

（三）听取有关工作说明；

（四）进入有关单位、场所实地查看。

国家安全机关开展监督检查时，不得妨碍有关单位和人员正常的生产经营活动，有关单位和人员应当提供与监督检查工作相关的必要协助和便利条件。

国家安全机关对监督检查工作中知悉的商业秘密、个人隐私负有保密义务。

第二十七条　国家安全机关应当根据部门职责，向发展改革、自然资源、住房城乡建设部门，通报涉及国家安全事项的建设项目许可决定以及采取的安全防范措施，并同时告知与许可决定有关的重要国家机关、国防军工单位和其他重要涉密单位以及重要军事设施管理单位。

发展改革、自然资源、住房城乡建设部门应当依据国家安全机关通报情况，在职权范围内协助国家安全机关对涉及国家安全事项的建设项目建设、管理、使用等活动进行监督管理，发现违反本规定的行为，及时通报国家安全机关，并依法处置。

第二十八条　因安全控制区域划定和调整，新划入安全控制区域内的在建或已建的建设项目，国家安全机关可以依照本规定实施监督检查，依法指导相关建设项目投资人、所有人、管理人、使用人落实反间谍安全防范责任。

第二十九条　任何单位和人员发现涉及国家安全事项的建设项目在建设、管理、使用等活动中有违反本规定的情况，应当及时向国家安全机关举报。

国家安全机关应当对举报的单位、人员信息予以保密，对提供重要情况、作出突出贡献的单位和人员，按照国家有关规定给予表彰和奖励。

第三十条　任何单位和人员对国家安全机关及其工作人员在涉及国家安全事项的建设项目许可管理工作中的违法违

纪行为,有权向上级国家安全机关或者监察机关、人民检察院提出检举、控告。

第五章　法　律　责　任

第三十一条　申请人隐瞒有关情况或者提供虚假材料申请许可的,国家安全机关不予受理或者不予许可,并给予警告。

第三十二条　以欺骗、贿赂等不正当手段取得许可的,国家安全机关责令停止建设或者使用,撤销已作出的许可。

第三十三条　未取得许可,擅自新建、改建、扩建建设项目的,国家安全机关予以警告。经采取安全防范措施能够符合维护国家安全要求的,责令限期改正；拒不改正、无法改正、或者存在其他严重情形的,责令停止建设或者使用,或者建议有关主管部门依法予以处理。

第三十四条　有下列情形之一的,国家安全机关予以警告,责令限期改正：

（一）擅自变更许可确定的条件进行建设、管理、使用的；

（二）未经验收,擅自投入使用的；

（三）擅自停用、损毁或者拆除安全防范措施的。

经国家安全机关责令限期改正,逾期未完成改正的,暂扣许可证件；拒不改正或者无法改正的,责令停止建设或者使用，吊销已发放的许可证件，或者建议有关主管部门依法予以处理。

第三十五条 国家机关、人民团体、企业事业组织和其他社会组织违反本规定的，国家安全机关可以依据《反间谍法》第五十六条约谈相关负责人，必要时进行通报。

第三十六条 在涉及国家安全事项的建设项目许可管理活动中违反发展改革、自然资源、住房城乡建设、国防动员等领域法律、法规、规章和有关规定的，由发展改革、自然资源、住房城乡建设等部门以及国防动员委员会的办事机构依法处理。

第三十七条 国家机关工作人员在涉及国家安全事项的建设项目许可管理工作中滥用职权、玩忽职守、徇私舞弊，依法给予处分；构成犯罪的，依法追究刑事责任。

第六章　附　　则

第三十八条 本规定自 2025 年 3 月 1 日起施行。